# Inhalt

## Branchenreport MARKETING & WERBUNG Ausgabe 2/2014

GENIOS BranchenWissen Nr. 11 vom 20.11.2014

# Branchenreport MARKETING & WERBUNG Ausgabe 2/2014

*Anja Schneider*

## Kernthesen

- Im ersten Halbjahr 2014 investierten die Unternehmen brutto 13,2 Milliarden Euro in die Werbung.
- Das ist eine Steigerung von fast fünf Prozent gegenüber dem Vorjahr.
- Bei den Medien bleiben Online- und Fernsehwerbung Wachstumstreiber im deutschen Bruttowerbemarkt.
- Stärkste Mediengattung war TV mit einem Umsatz von fast sechs Milliarden Euro und einem Plus von rund neun Prozent.

- Werbestärkstes Unternehmen war Procter & Gamble.
- Die Autobauer verteidigten den ersten Platz im Ranking der werbestärksten Branchen.

# Beitrag

## Der bisherige Verlauf des Werbejahres 2014: besser als im Vorjahr

Der deutsche Werbemarkt präsentierte sich im ersten Halbjahr 2014 besser als im Vorjahr. Von Januar bis Juni lagen laut Marktforschungsinstitut Nielsen die deutschen Bruttowerbeaufwendungen mit insgesamt 13,22 Milliarden Euro in den klassischen Medien um 4,9 Prozent über dem Vorjahresniveau. Stärkster Monat war der Mai, denn erwartungsgemäß übten sich viele Werbungtreibende im Fußball-WM-Monat Juni in Werbezurückhaltung. (1)
Auch Ende Oktober fiel die Bilanz zugunsten des Jahres 2014 aus. Der Bruttowerbedruck belief sich nach zehn Monaten kumuliert auf 22,3 Milliarden Euro, so Nielsen Media Research. Zum Vergleich: Im Vorjahr waren von den klassischen Medien bis Ende Oktober 21,1 Milliarden Euro an Bruttoerlösen

eingesammelt worden. Im digitalen Werbegeschäft punktet vor allem die mobile Werbung, freilich noch immer auf niedrigem Niveau. Nielsen meldet mehr als zwei Drittel mehr Bruttoumsatz gegenüber dem Vorjahr. Die klassische Internetwerbung dagegen stagniert nahe Null. (2)

Für das Gesamtjahr 2014 hofft die Werbebranche mehrheitlich auf ein leichtes Plus. In den Bruttostatistiken der Werbemarktbeobachter Nielsen und Ebiquity läuft es auf einen Zuwachs von rund vier Prozent hinaus. Was netto bleiben wird, ist immer schwerer zu prognostizieren. 2013 stand einem Bruttoplus von zwei Prozent ein Nettominus von 1,7 Prozent gegenüber. (3)

## Die Aussichten für das Jahr 2015

Die werbenden Unternehmen der Markenindustrie rechnen für das Jahr 2015 mit einer befriedigenden bis guten gesamtwirtschaftlichen Entwicklung. Eine Umfrage der Organisation Werbungtreibende im Markenverband (OWM) vom Oktober 2014 erbrachte dieses Ergebnis, das als verhaltener Optimismus bewertet wurde. Für das eigene Unternehmen rechnen 45 Prozent mit einer Verbesserung ihrer Umsätze, knapp die Hälfte geht von gleichbleibenden Umsätzen aus und elf Prozent rechnen mit sinkenden Umsätzen. Entsprechend verhaltener lauten auch die

Prognosen für die Werbevolumina: Jedes dritte Unternehmen will 2015 seine Media-Ausgaben steigern. Im Vorjahr hatte sich das noch die Hälfte der Unternehmen vorgenommen. 39 Prozent wollen im Jahr 2015 die Höhe ihrer Budgets beibehalten, 30 Prozent ihre Etats verringern. (4), (5)
Skeptischer zeigt sich die Mediaagentur Mindshare in ihrem jährlichen Dossier zur deutschen Werbekonjunktur. Die pessimistischen Prognosen zur deutschen Wirtschaftsentwicklung, wie sie der ifo-Geschäftsklimaindex und Analysen der Wirtschaftsinstitute äußerten, könnten den Unternehmen die gute Werbelaune vermiesen. Die Aussichten für 2015 seien eher durchwachsen. Es könnte ein Wachstum von bis zu 0,5 Prozent erreicht werden, genauso gut könnte der Werbemarkt aber auch um 1,5 Prozent schrumpfen. Auch der Radiovermarkter RMS, die ARD-Werbetochter AS&S und die jüngst erschienene Mitgliederumfrage des Mediaagenturverbands OMG zeichnen für das Jahr 2015 ein eher pessimistisches Bild. Den Daumen hoch recken noch die klassischen Kommunikationsagenturen. Sie glauben, ihre eigenen Umsätze werden 2015 um 8,1 Prozent zunehmen - eine Prognose, die sogar der GWA-Verbandspräsident für übertrieben hält. Realistisch seien zwei bis drei Prozent Wachstum. (3)

## Werbemedien: TV stark, Mobil wächst

Am meisten Werbung läuft weiterhin über das **Fernsehen**. Hier lagen die Bruttowerbeeinnahmen von Januar bis Juni 2014 bei knapp sechs Milliarden Euro und damit einem Plus von 8,6 Prozent gegenüber dem Vorjahr.Die **Online-Werbung** legte kräftig zu. Sie lag nach den ersten sechs Monaten um 7,3 Prozent über dem Vorjahresergebnis, was einem Bruttowerbedruck von 1,6 Milliarden Euro entspricht. Darin enthalten ist auch die Werbung auf **mobilen** Endgeräten, die allein rund 72 Millionen Euro im ersten Halbjahr generierte, ein Plus von 51,9 Prozent, also doppelt so viel wie im Vorjahreszeitraum. Die mobile Werbung ist also der Wachstumssieger des ersten Halbjahres.Die **Printmedien** kämpfen, durften aber einen leichten Aufwind spüren; sie verloren brutto nicht weiter und stagnierten bei einem kleinen Plus von 0,4 Prozent gegenüber dem Vorjahreszeitraum bei rund 4,1 Milliarden Euro Bruttoumsatz. Die Fachzeitschriften verzeichneten mit minus 3,4 Prozent (kumuliert 198 Millionen Euro) eine rückläufige Entwicklung bei den Bruttowerbeumsätzen. Die Zeitungen konnten mit einem Wachstum von 0,4 Prozent und 2,2 Milliarden Euro ein sehr solides Ergebnis verbuchen. Die Publikumszeitschriften hielten sich mit minus 0,2

Prozent knapp auf Vorjahresniveau (kumuliert 1,7 Milliarden Euro).Wachsen konnten im ersten Halbjahr auch die Werbemedien **Kino:** plus 5,9 Prozent bei 46 Millionen Euro Bruttoumsatz bis Ende Juni und **Out-of-Home:** plus 4,6 Prozent bei 737 Millionen Euro Bruttoumsatz bis Ende Juni. Die **Radiowerbung** konnte in den ersten sechs Monaten nicht zulegen; sie verbuchte ein leichtes Minus von 0,3 Prozent und kam auf 792 Millionen Euro. (6), (1), (7)

## Unternehmen und Branchen: Wer gibt am meisten für Werbung aus?

Die Top 5-Unternehmen im ersten Halbjahr 2014 waren Procter & Gamble - mit 227,8 Millionen von Januar bis Juni 2014 erneut Spitzenreiter, wenngleich mit etwas weniger als noch 2013 -, LOréal, Springer, Unilever und Volkswagen. Auffällig kräftig warb Vodafone. Um satte 76 Prozent drückte der Telekommunikationskonzern den Etat nach oben. Das Geld floss unter anderem in die Kommunikation für die Allnet-Flat, für die das Unternehmen vor allem im TV und Online wirbt. (7), [Abb. 1]

Wie warben bisher die **Branchen**? An der Spitze steht weiterhin die Automobilbranche. Die deutschen Automobilhersteller haben im ersten Halbjahr 2014 insgesamt 839 Millionen Euro in Werbung investiert; das war ein kleines Plus von 1,3 Prozent gegenüber dem Vorjahr. Auch der Lebensmitteleinzelhandel erhöhte die Bruttospendings. Aldi, Edeka, Media-Saturn und Co haben zusammen 542 Millionen Euro investiert. Das ist ein Plus von rund 15 Prozent. Kräftig in Werbung investiert haben in den ersten sechs Monaten auch die Online-Dienstleister wie Vergleichsportale und Partnervermittler und die Kosmetikbranche mit Werbern wie LOréal, Beiersdorf und Procter & Gamble. Verringert haben die Werbeausgaben die Süßwarenhersteller und die Touristiker, insbesondere die Airlines und die Schiffslinien. (7), (8)

## Weltweit: Internetwerbung wächst am schnellsten

Der weltweite Werbemarkt wird in diesem Jahr ein Volumen von 523 Milliarden US-Dollar umfassen. Er soll 2014 und 2015 um jeweils 5,3 Prozent, 2016 sogar um 5,9 Prozent wachsen. Dies prognostiziert die Mediaagenturgruppe Zenith Optimedia.
Das am schnellsten wachsende Werbemedium ist das Internet. Internetwerbung wird in diesem Jahr laut Prognose 28,3 Prozent der globalen Werbeinvestitionen ausmachen; das sind mehr als Zeitungen und Zeitschriften zusammen (22,7

Prozent). Weltweit wächst die Internetwerbung im laufenden Jahr um rund 17 Prozent (zum Vergleich: Deutschland zehn Prozent). Starker Wachstumspfeiler der Internetwerbung ist die Werbung auf mobilen Endgeräten. In zwei Jahren werden bereits rund 8,6 Prozent der weltweiten Werbeausgaben in mobile Anwendungen fließen. Damit läge Mobile noch vor Magazin-, Radio- und Outdoor-Werbung. (9), (10)

Die Nummer Eins unter den weltweit agierenden **Werbekonzernen** ist die britische WPP. Ihr folgt der US-Konzern Omnicom auf dem zweiten Platz. Auf Rang 3 liegt die französische Werbeagentur Publicis. Die geplante Fusion von Omnicom und Publicis war im Mai gescheitert. Publicis will jetzt sein Digitalgeschäft durch den Zukauf der amerikanischen Agentur Sapient stärken.Bei den **Regionen** könnte der Werbemarkt in Nordamerika laut Prognose der Mediaagentur Carat (Aegis Group) in diesem Jahr ein Plus von 4,9 Prozent erreichen. Auch Westeuropa könnte wachsen, und zwar um plus 2,7 Prozent. Dies ist vor allem dem ausgabefreudigen britischen Werbemarkt zu verdanken (plus 7,5 Prozent). Spanien könnte ein Plus von 2,6 erreichen. Rückläufig sind die Werbemärkte in Frankreich (-0,9 Prozent) und Italien (-1,3 Prozent). Für Deutschland erwartet Carat einen Anstieg der Werbeinvestitionen um ein Prozent. (11)

# Mediaagenturen: Mediacom in Deutschland Spitzenreiter

In der Rangliste der deutschen Mediaagenturen liegt die Düsseldorfer Mediacom an der Spitze (Billingvolumen 3,609 Milliarden Euro, Marktanteil 19 Prozent); sie gehört international zur Group M/WPP. Es folgen OMD aus der Omnicom Media Group, MEC aus der Group M/WPP, Carat aus dem Dentsu Aegis Network und Mindshare (Group M/WPP). Dies zeigt das Recma-Ranking der deutschen Mediaagenturen. Das Recma-Ranking der deutschen Mediaagenturen bildet die Umsatzentwicklung von 15 Medianetworks in 62 Ländern ab. Insgesamt stiegen 2013 die deutschen Media-Billings um elf Prozent auf 19 Milliarden Euro. (12), [Abb. 2]
Betrachtet man nicht die Einzelagenturen sondern ihre Gruppen, so liegt laut Recma-Ranking unverändert und mit Abstand die Group M mit Mediacom, MEC, Mindshare und Maxus auf dem ersten Platz und hat somit die größte Einkaufsmacht inne. Sie erreichte 2013 ein Billingvolumen von 7 437 Millionen Euro und damit einen Marktanteil von satten 45 Prozent. Dahinter liegt die Omnicom Media Group Germany mit den Agenturen OMD und PHD. Sie erreichte ein Billingvolumen von 2 906 Millionen Euro und einen Marktanteil von 18 Prozent. Auf dem dritten Platz liegt das Dentsu Aegis Network mit

Carat und Vizeum mit einem Billingvolumen von 2 474 Millionen Euro und einem Marktanteil von 15 Prozent.
Weltweit betrachtet erreichten die Medianetworks im Jahr 2013 ein Billingvolumen von rund 340 Milliarden US-Dollar; das war ein Plus von zwölf Prozent gegenüber dem Vorjahr. (12)

## Trends

Als wichtigster Trend des Werbejahrs 2014 gilt, dass Online zunehmend klassisch wirbt. E-Commerce-, Online- und Telekommunikationsunternehmen haben ihre Werbeausgaben deutlich erhöht. (3)

Die mobile Werbung auf Smartphones und Tablets wächst weltweit. Dieser Trend gilt auch in Deutschland. Die mobilen Spendings legen prozentual stark zu, wenngleich auf einem noch niedrigen Niveau. Laut Nielsen Media Research gaben Werbungtreibende im ersten Halbjahr 2014 bei den zwölf meldenden Vermarktern 72,3 Millionen Euro brutto aus - eine Steigerung zum Vorjahreszeitraum von über 50 Prozent. Im Gesamtjahr 2013 meldeten die Vermarkter 107 Millionen Euro, nach 61,8 Millionen 2012. Dabei fehlen die US-Player wie Google und Facebook. Die amerikanischen Anbieter Facebook, Google und Twitter profitieren derzeit am meisten von diesem Trend. Die deutschen

Telekommunikationsfirmen wie Deutsche Telekom und Vodafone sind in Deutschland in diesem Geschäft quasi etabliert. Doch im ersten Halbjahr 2014 sprang beispielsweise auch der Händler Media-Saturn auf den Zug auf und investierte fast 5,2 Millionen Euro brutto. Stärker in mobile Werbung investierten auch der Sportartikelhersteller Adidas, der Verlag Gruner + Jahr (jeweils 1,6 Millionen Euro), Ebay und Volkswagen (je 1,5 Millionen) sowie Deutsche Bahn und Unilever. (13)

Ein Trend, der den Marketingentscheidern zu schaffen macht, ist das Multi Channel Marketing. Sie haben immer mehr die Qual der Wahl zwischen einer zunehmenden Anzahl an digitalen Medienkanälen. Mit welchen Kanälen werden die Kunden erreicht? Welche Medien nutzen die Kunden? Multi Channel Marketing treibt die Kosten, braucht Personal, vor allem auch EDV-Fachpersonal, das die gestiegenen Datenmengen auswerten kann. Für die Agenturen werden die Entwicklung von Kampagnen und ihre Aussteuerung komplexer. (4)

## Zahlen & Fakten

Abbildung 1: Procter & Gamble führt

Die 20 stärksten Werbungtreibenden Januar bis Juni 2014

| **Unternehmen** | **Ausgaben Januar - Juni 2014 in Millionen Euro** | **Veränderung zu Januar - Juni 2013 in Prozent** |
|---|---|---|
| Procter & Gamble, Schwalbach | 227,8 | -0,6 |
| LOréal, Düsseldorf | 180,4 | 3,1 |
| Axel Springer, Hamburg | 158,1 | 12,5 |
| Unilever, Hamburg | 157,9 | 13,4 |
| Volkswagen, Wolfsburg | 145,0 | 22,5 |
| Media-Saturn, Ingolstadt | 143,6 | -8,6 |
| Ferrero, Frankfurt | 134,5 | -12,1 |
| Telekom, Bonn | 115,7 | 10,0 |
| Beiersdorf, Hamburg | 115,4 | 33,6 |
| Vodafone, Düsseldorf | 111,8 | 76,2 |
| Lidl, Neckarsulm | 109,5 | -1,5 |
| McDonalds, München | 98,4 | -10,2 |
| Henkel, Düsseldorf | 89,8 | 1,1 |
| Sky, Unterföhring | 88,5 | 8,2 |
| Schwarzkopf-Henkel, Düsseldorf | 88,3 | -0,1 |
| Rewe, Köln | 81,9 | 13,6 |
| Daimler, Stuttgart | 81,5 | 2,3 |
| Reckitt Benckiser, Mannheim | 73,7 | -5,7 |
| Edeka, Hamburg | 72,6 | -5,4 |

| Dr. Oetker, Bielefeld | 72,1 | 12,0 |
|---|---|---|

Quelle: Nielsen Entnommen aus: Horizont 29 vom 17.07.2014, Seite 18 (7)

Abbildung 2: Mediacom bleibt Marktführer

Ranking der größten Mediaagenturen in Deutschland

| Rang 2013 | Rang 2012 | Mediaagentur | dazugehörige Gruppe/Holding | deutsc Markt in Pro |
|---|---|---|---|---|
| 1 | 1 | Mediacom | Group M/WPP | 19,0 |
| 2 | 2 | OMD | Omnicom Media Group | 14,3 |
| 3 | 3 | MEC | Group M/WPP | 11,4 |
| 4 | 4 | Carat | Dentsu Aegis Network | 9,5 |
| 5 | 5 | Mindshare | Group M/WPP | 7,8 |
| 6 | 6 | Mediaplus | Serviceplan/unabhängig | 7,5 |
| 7 | 7 | Zenith | Vivaki/Publicis | 4,6 |
| 8 | 8 | Havas Media | Havas | 3,8 |
| 9 | 9 | Vizeum | Dentsu Aegis Network | 3,5 |
| 10 | 10 | Pilot Media | Pilot Hamburg/unabhängig | 3,4 |
| 11 | 10 | Initiative | Mediabrands/Interpublic | 3,3 |
| 12 | 12 | Universal McCann | Mediabrands/Interpublic | 3,2 |
| 13 | 13 | Optimedia | Vivaki/Publicis | 3,1 |

| | | | | |
|---|---|---|---|---|
| 14 | 14 | Crossmedia | Crossmedia/unabhängig | 1,4 |
| 15 | 15 | Starcom Media Vest | Vivaki/Publicis | 1,2 |
| 16 | 16 | Moccamedia | Moccamedia/unabhängig | 1,1 |
| 17 | 17 | PHD | Omnicom Media Group | 1,0 |
| 18 | 18 | Maxus | Group M/WPP | 0,9 |
| Mediaagenturen gesamt | | | | 100 |

Quelle: Recma Overall Activity Rankings 2013, Stand: Juni 2014 Entnommen aus: Horizont 30 vom 24.07.2014, Seite 16 (12)

## Weiterführende Literatur

(1) Halbjahresbilanz: Bruttowerbung wächst trotz WM-Zurückhaltung
aus W&V Online-Magazin vom 16.07.2014

(2) Werbemarkt: Nielsen hebt fürs vierte Quartal den Daumen
aus W&V Online-Magazin vom 14.11.2014

(3) Runter vom Gas
aus werben & verkaufen Nr. 46 vom 10.11.2014, S. 69

(4) Der Verbraucher will ernst genommen werden
aus Lebensmittel Zeitung 46 vom 14.11.2014 Seite 041

(5) OWM: Unternehmen erwarten 2015 stabilen Werbemarkt
aus W&V Online-Magazin vom 13.11.2014

(6) NIELSEN-HALBJAHRESBILANZ: Leichte Erholung im Printmarkt
aus kress.de vom 17.07.2014

(7) Gute erste Halbzeit
aus Horizont 29 vom 17.07.2014 Seite 018

(8) Werbemarkt: Schwacher Juni trotz Fußball-WM / Halbjahresbilanz positiv
aus horizont.net vom 16.07.2014

(9) Zenith-Prognose: Mobile und Social Media beflügeln Werbemarkt
aus horizont.net vom 22.09.2014

(10) Zenith Optimedia: Der digitale Werbemarkt in Deutschland und der Welt
aus W&V Online-Magazin vom 22.09.2014

(11) Prognose von Carat: Werbemarkt in Westeuropa gesundet
aus W&V Online-Magazin vom 10.09.2014

(12) Wettlauf der Giganten
aus Horizont 30 vom 24.07.2014 Seite 016

(13) Hoffen auf den Abstrahleffekt
aus werben & verkaufen Nr. 33 vom 11.08.2014, S. 30

# Impressum

## Branchenreport MARKETING & WERBUNG Ausgabe 2/2014

### Bibliografische Information der deutschen Nationalbibliothek

Die Deutsche Nationalbibliothek verzeichnet diese Publikation in der deutschen Nationalbibliografie; detaillierte bibliografische Daten sind im Internet über http://dnb.d-nb.de abrufbar.

ISBN: 978-3-7379-5665-9

oder ähnliche Einrichtungen und die Einspeicherung und Verarbeitung in elektronischen Systemen.